D1687852

# ZELLA-MEHLIS

## wie es früher war

Herausgegeben und zusammengestellt von
Konrad Elßmann, Heike Neumann und Lothar Schreier

WARTBERG VERLAG

Herausgegeben und zusammengestellt von:
Konrad Elßmann, Heike Neumann und Lothar Schreier
Texte von: Harry Ansorg und Heike Neumann

Fotonachweis
Heimatmuseum Zella-Mehlis, Stadtarchiv, Helmut Anschütz, Grete Hengelhaupt,
Karl Hübner, Rudolf Ludwig, Sepp Portenreuther, Monika Schmidt, Regina Schmidt,
Walter Thomas und Aufnahmen des Herzogl. Sächs. Hofphotographen Max Schüler.
Den Stadtplan von 1927 übergab Rudolf Ludwig.

1. Auflage 1992
Alle Rechte vorbehalten, auch die des auszugsweisen Nachdrucks
und der fotomechanischen Wiedergabe.
Druck: Werbedruck Schreckhase, Spangenberg
Buchbinderische Verarbeitung: Fleischmann, Fulda
© Wartberg Verlag Peter Wieden
W-3505 Gudensberg-Gleichen, Im Wiesental 1
Tel.: 05603 / 4451 u. 2030
ISBN 3-925277-80-3

# Vorwort

Kennen Sie Ihre Heimat- oder Urlaubsstadt Zella-Mehlis, wie sie sich um 1900, in den zwanziger, dreißiger oder vierziger Jahren präsentierte? Der vorliegende Bildband über Alt-Zella-Mehlis lädt zu einem Stadtrundgang in die Vergangenheit ein. Bestimmt werden Sie über das eine oder andere Foto, den einen oder anderen Text überrascht oder erstaunt sein. Auf jeden Fall werden Sie auch Gelegenheit haben, Ihre ganz persönliche Erinnerung oder Meinung einzubringen und die ausgewählten Fotos mit Ihnen bekannten Bildern zu ergänzen.
Der Bummel beginnt am Bahnhof Zella, führt über den Markt Zella zum Markt Mehlis und schließlich wieder in Richtung Zella. Die Wegstrecke mit den Ausflügen in die umliegenden Waldgaststätten beträgt mehrere Kilometer, die geschichtliche Beschreibung umfaßt eine Zeitspanne von Jahrtausenden. Ein schwieriges und gelungenes Unternehmen, das unverwechselbare und liebenswerte Gesicht der Stadt vergangener Tage vorzustellen.
Bei den Bürgern, die vorbehaltlos kostbares Bildmaterial zur Verfügung gestellt und durch Informationen mitgeholfen haben, das Buch zu gestalten, möchte ich mich, auch im Namen der Herausgeber und Verfasser, herzlich bedanken.

Zella-Mehlis, im August 1992

Karl-Uwe Panse
Bürgermeister

Foto oben: B. Roths Hotel „Zum Schützenhof" in den zwanziger Jahren, oberhalb des Zellaer Bahnhofs, das Schießhaus befand sich ursprünglich über dem Hotel (Haus mit Säulen).

Foto unten: Das Café Merkur (Otto Krauße) in der Bahnhofstraße war noch bis in die dreißiger Jahre in Betrieb.

Foto rechts: Blick von der Bahnhofstraße auf Zella St. Blasii Anfang des 20. Jahrhunderts. Im Hintergrund Lerchenberg und Spitziger Berg. Im Vordergrund der Komplex des Lazaretts oder sogenannten Krankenhauses (bestehend aus Totenhaus, Schuppen, Ärztehaus, Krankenhaus). Während des Tunnelbaus (Brandleite Tunnel) 1881 - 84 wurden hier Verletzte und Kranke aufgenommen.

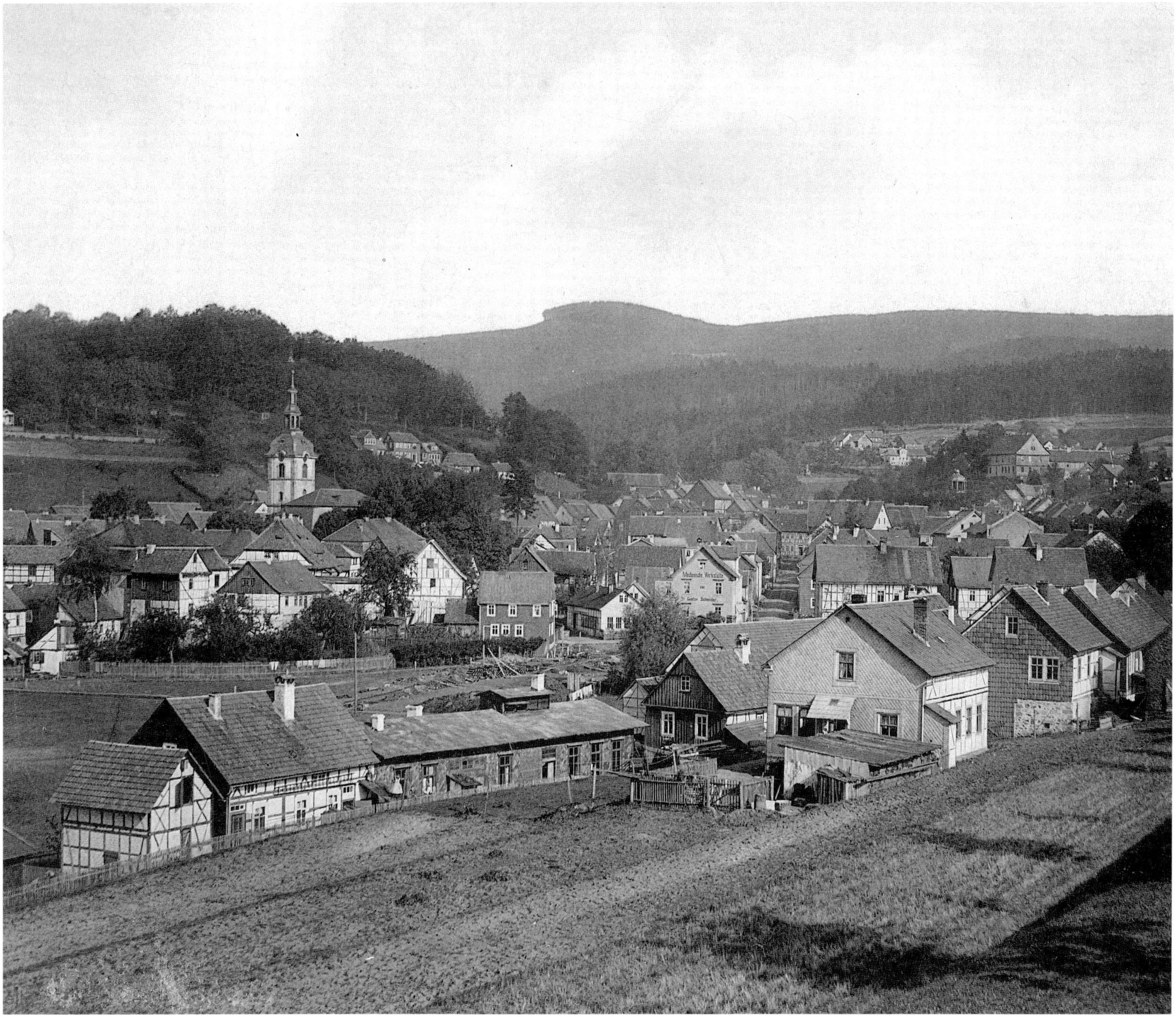

Foto oben: Badeanstalt in Zella, ab 1600 bestanden Badestube und Bader in Zella St. Blasii, in Mehlis seit 1440. Das Bad (Foto) wurde am 1.9.1895 übergeben (4 Wannenbäder, 1 Medizinalbad, 6 Einzelduschen, 1 Duschbad für 20-30 Kinder, 1 Dampfbad für Gicht- und Rheumakranke, 1 Streckraum, 1 Ruheraum). Es bestand bis 1970, danach wurde das Gebäude als Wohnhaus umgebaut.

Foto unten: Stadt-Café in der Kirchstraße bestand bis Ende der 50er Jahre, auch als Tanzlokal, hier wurde das erste Kino der Stadt eingerichtet (Kino-König).

Foto oben: Aufmarsch der "Privaten Schützengesellschaft Zella St. Blasii", Anfang des 20. Jahrhunderts, zur Uniform gehörte der Hirschfänger, im Hintergrund Gast- und Logierhaus „Stadt Suhl", Bahnhofstraße 7 (Anna Hasert).

Foto unten: „Der Zirkus kommt", um 1930 in der Kleinen Bahnhofstraße, vor dem Herrenkonfektionsgeschäft des jüdischen Kaufmanns Goldmann.

Foto oben: Der Denkmalsplatz um 1900, Anlage mit Springbrunnen und Denkmal für die Gefallenen des deutsch-französischen Krieges 1870/71 (2 Treppenkreuze, Postament, eine Göttin, thronend auf roter Granitsäule, insgesamt 7 Meter), außerdem ein schlichter Bismarck-Gedenkstein, bis in die dreißiger Jahre stand hier die Stadtwaage.

Foto unten: Bis 1924 bestand das Kaiserliche Postamt auf dem Denkmalsplatz. Die erste Post-Expedition des Thurn- und Taxischen Lehensposten soll am 1.10.1834 in der Fleischerei Otto eingerichtet worden sein, am 2.10.1834 traf der erste Postwagen aus Suhl kommend hier ein, der Amtskopist Johann Christian Langbein wurde zum Expeditor erwählt.
1865 wurde das Gebäude des Johann Friedrich Bartelhelmes als Post genutzt. 1924 wurde für die „Doppelstadt" Zella-Mehlis ein gemeinsames Rathaus und eine Post gebaut.

Besatzung des Kaiserlichen Postamtes, hier wurde auch das erste Telegrafenamt eingerichtet, im Hof hinter dem Gebäude standen die Postkutschen.

Das Carl-Walther-Werk (Waffenproduktion, Rechenmaschinen, Fahrradteile, Schraubenschlüssel) wurde nach dem 2. Weltkrieg gesprengt, auf dem Territorium an der Goethestraße wurde die Kinder- und Jugendsportschule, danach das Gymnasium eingerichtet, das Foto zeigt das Sozialgebäude, die Kegelbahn und ganz rechts den Schießstand des Werkes.

Foto rechts: Auf dem Köpfchen, Stiftungsfest des Turnerbundes, der 1904 gegründet wurde (der Turnverein wurde bereits am 3.7.1861 ins Leben gerufen).

11

Im „Sonnenbad". Zwischen 1. und 2. Weltkrieg wurden hier erholungsbedürftige Kinder betreut und „gespeist" (Quäkernahrung: Kakao und Brötchen).

Erfolgreiche Ringerriege des „Athletenclub Jugendkraft" im Thüringer-Meister-Trikot, Mitteldeutscher Meister 1926-28, Curt Wahl errang 1928 die Deutsche Meisterschaft, die Ligamannschaft holte sechsmal hintereinander die ostdeutsche Mannschaftsmeisterschaft. Der Athletenclub stellte 1911 mit Alfred Anschütz den Weltmeister im Gewichtheben.

Feuerwehr des Ortsteiles Zella (um 1930) vor dem von Heinrich Ehrhardt
in Zella erbauten Lastkraftwagen der Spedition Otto Meyer.

Foto links oben: „Pflanzweiber", Forstarbeiterinnen beim Aufforsten, Förster Ernst Pflügner um 1930.

Foto rechts oben: Die Hütte „Schneidersgrund", hier um 1930, von Naturfreunden erbaut, ist nicht nur für Skiläufer und Wanderer ein fester Begriff.

Die Hütte wurde auch zur Unterbringung von Kriegsgefangenen benutzt, sie diente außerdem als Jugendherberge. Nach dem Brand (1978) wurde die Hütte wieder aufgebaut.

Foto oben: Schlittenpartie am Waldgasthof „Sterngrund" in Richtung Oberhof.
Im Zuge der Fertigstellung der Kunststraße (1830-32) entstanden das obere und untere Zollhaus (obere und untere Kraußer). Außer dem Recht, Wegegeld einzunehmen, durften die Besitzer auch Ausschank betreiben.
Inzwischen wurde das untere Zollhaus, der „Sterngrund" als Gaststätte neu aufgebaut.

Bis in vorgeschichtliche Zeiten ist die Köhlerei zu verfolgen. Holzkohle war unentbehrlich zur Metallschmelze. Über Jahrhunderte erhielt sich die Technologie der Meilerkohlung. Ab 1970 wurden die Hauben- und die Bunkerverkohlung als Methode eingeführt. Als Zins hatten die Köhler u.a. lebendgefangene Rebhühner, Wachteln und Fasane noch bis 1700 an die Herrschaft abzugeben.
Foto oben: Kohlenmeiler am Kaltenbrunn, 1939.

Foto links: Köhlerhütte um 1900, Köhler Berthold und Frau.

Foto oben: Gast- und Logierhaus „Waldmühle", 1892 gebaut, in den 50er Jahren Isolierstation des Krankenhauses, dann Ferienheim, inzwischen schmuckes Hotel und Gaststätte.

Fotos oben rechts: „Veilchenbrunnen" um 1915, ursprünglich Luxushotel mit blauem und rotem Salon, 1945 zerschossen, auf dem altem Fundament wurde eine Baracke errichtet, später in unmittelbarer Nähe neu erbaut.

Foto unten links: Auf der Zellaer Leube, erste Skilaufversuche Ende der 70er Jahre des 19. Jahrhunderts, 1897 in Mehlis 1. Skiklub, 1904 Gründung des Wintersportvereins. Otto Wahl war einer der bekanntesten Langläufer (1928, Olympiade, 10. Platz im 50 km-Lauf).

Foto unten rechts: Beide Söhne des Fabrikanten Will waren im 1. Weltkrieg in Frankreich gefallen, sie erhielten ein Gedenk- und Ehrenmal in der Nähe des Sommerbacher Pirschhauses am Kohlenweg.

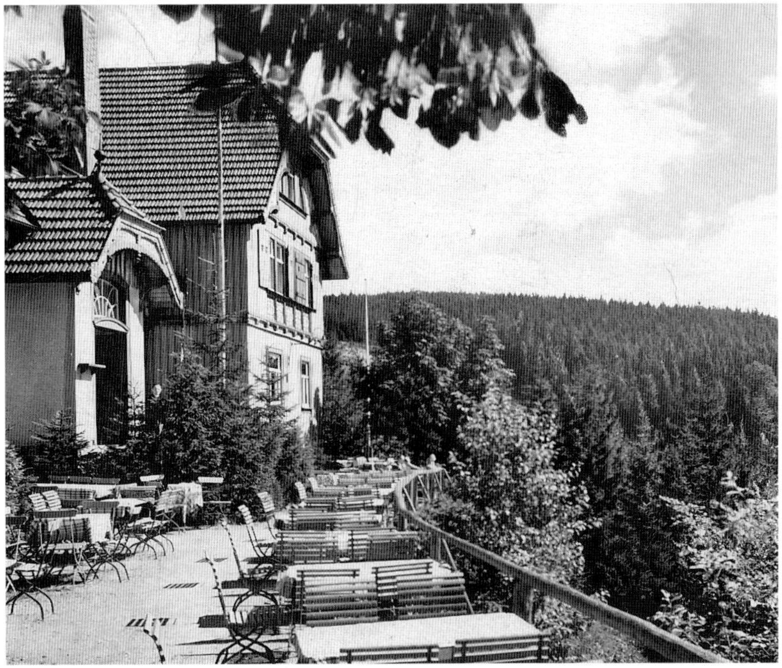

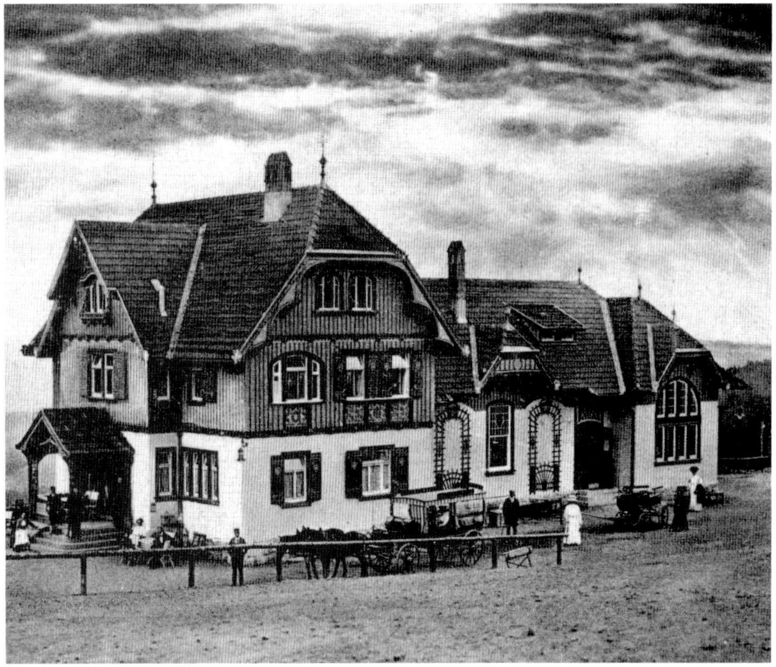

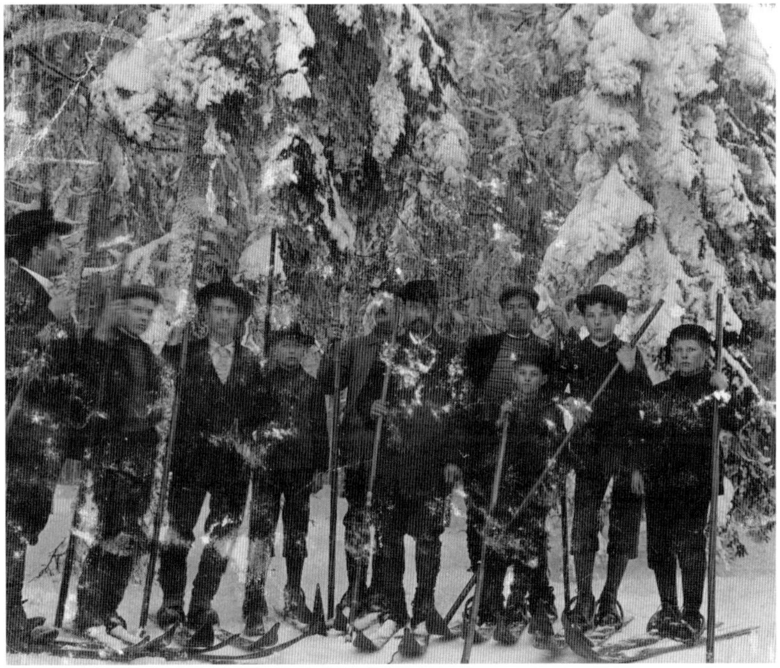

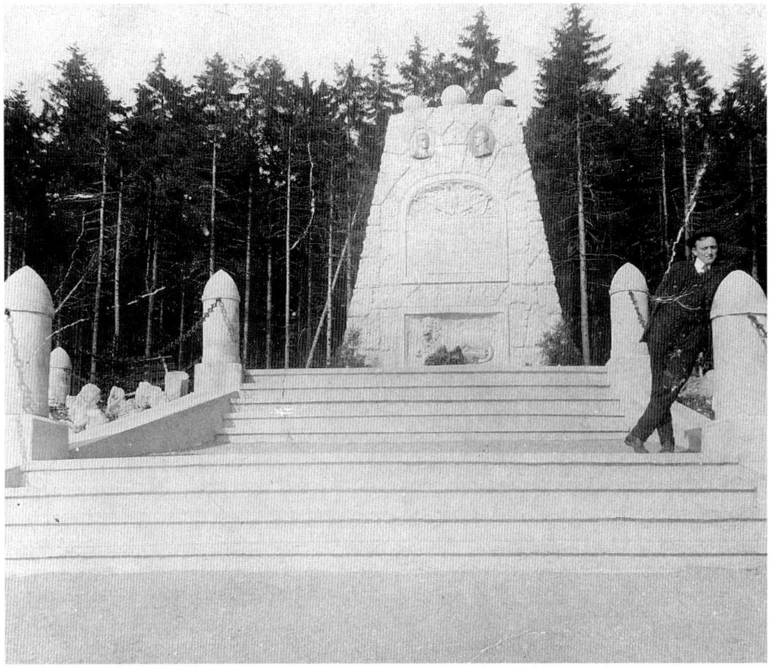

Fliegeraufnahme um 1936, sie zeigt die Bebauung um den Lerchenberg, vom Zellaer Markt an: die Heinrich-Ehrhardt-Straße, Oberzella, links oben: die Hauptstraße, Friedhofsiedlung, alter Zellaer Friedhof, den Berg aufsteigend: Die Kletts-Villa, Domizil der Neuapostolischen Kirche, hinter dem Berg: Rodeflächen.

Mitglieder der „Vogelerhaltungsgesellschaft", die 1820 gegründet wurde. Ab 1440 werden „landesherrlich genannte Vogelherde" (Fangstellen) bekannt. Zunächst mußten die Vögel als Zins abgegeben werden. Daraus resultierte die Leidenschaft der Bevölkerung für den Vogelfang. Kein Wunder, daß man die Hungerjahre von 1762 bis 1772 und Mißernten auch auf zu hohen Schädlingsbefall zurückführte. Die Zunftordnung der Vogelerhaltungsgesellschaft ist höchst merkwürdig, entsprechend anderen Handwerken unterschied man Lehrlinge, Gesellen, Meister und Obermeister. Nach Lehr- und Gesellenjahren erfolgte eine Prüfung.

Die „Oberzellaer Gemeinde" in den zwanziger Jahren. Die Bürger fanden sich zu sogenannten „Gemeinden" zusammen, gewissermaßen Wohngebietsgemeinschaften innerhalb der Stadt, es wurde ein eigener Bürgermeister gewählt, Feierlichkeiten wurden gemeinsam begangen. Die Oberzellaer trafen sich winters z.B. in Spinnstuben, es wurde nicht nur gestrickt, gehäkelt und der „Blasebalg" gespielt...

Foto oben: Oberer Hammer (oder Mühle), auch als „Blechhammer" bekannt, um 1200 Klosterbesitz.

Foto unten: Wohnhaus des Geheimen Baurat Heinrich Ehrhardt (17.11.1840-20.11.1928), Ehrenbürger der Stadt, Industrieller und Erfinder, Entwicklung des Verfahrens zur Herstellung nahtloser Rohre und des Rohrrücklaufgeschützes. Werksgründungen in Düsseldorf, Sömmerda, Eisenach und Zella St. Blasii. Links der „Gänsemännchenbrunnen", eine Stiftung Ehrhardts.

Foto oben: Markt Zella von 1892, linkes Gebäude - ursprünglich Gaststätte „Weißes Roß". Auf dem Markt befand sich ein Brunnenkasten. Später waren hier zunächst die Gräber russischer Soldaten, danach wurden Bushaltestellen eingerichtet.

Foto unten: Marktplatz Zella um 1920 vom Lerchenberg aus, rechtes Eckhaus - Haus des Magister Tinius, auch als Hemmingsches Haus bekannt, inzwischen abgerissen und durch moderne Bebauung ersetzt. Das linkes Gebäude wurde in den dreißiger Jahren um einen halben Meter gehoben. Links: Straße zum Amtsgericht. Recht: Straße zum Denkmalplatz. Mitte: Gastwirtschaft „Deutsches Haus".

Feuerwehr Zella St. Blasii, eine Feuerlösch- und Rettungsanstalt gab es erst Mitte des 19. Jahrhunderts, ab 1864 hatte man erste Saug- und Schlauchspritzen, bis dahin mußte das Wasser durch sogenannte Wassergassen herangeschafft werden, jeder Erwachsene hatte mit einem Wassereimer an der Brandstätte zu erscheinen, einer der schwersten Brände für Zella ereignete sich am 24. 5.1762, beinahe der gesamte Ort wurde eingeäschert. Durch den Bau der Hochdruckleitung (1886) wurde die Brandbekämpfung wesentlich erleichtert.

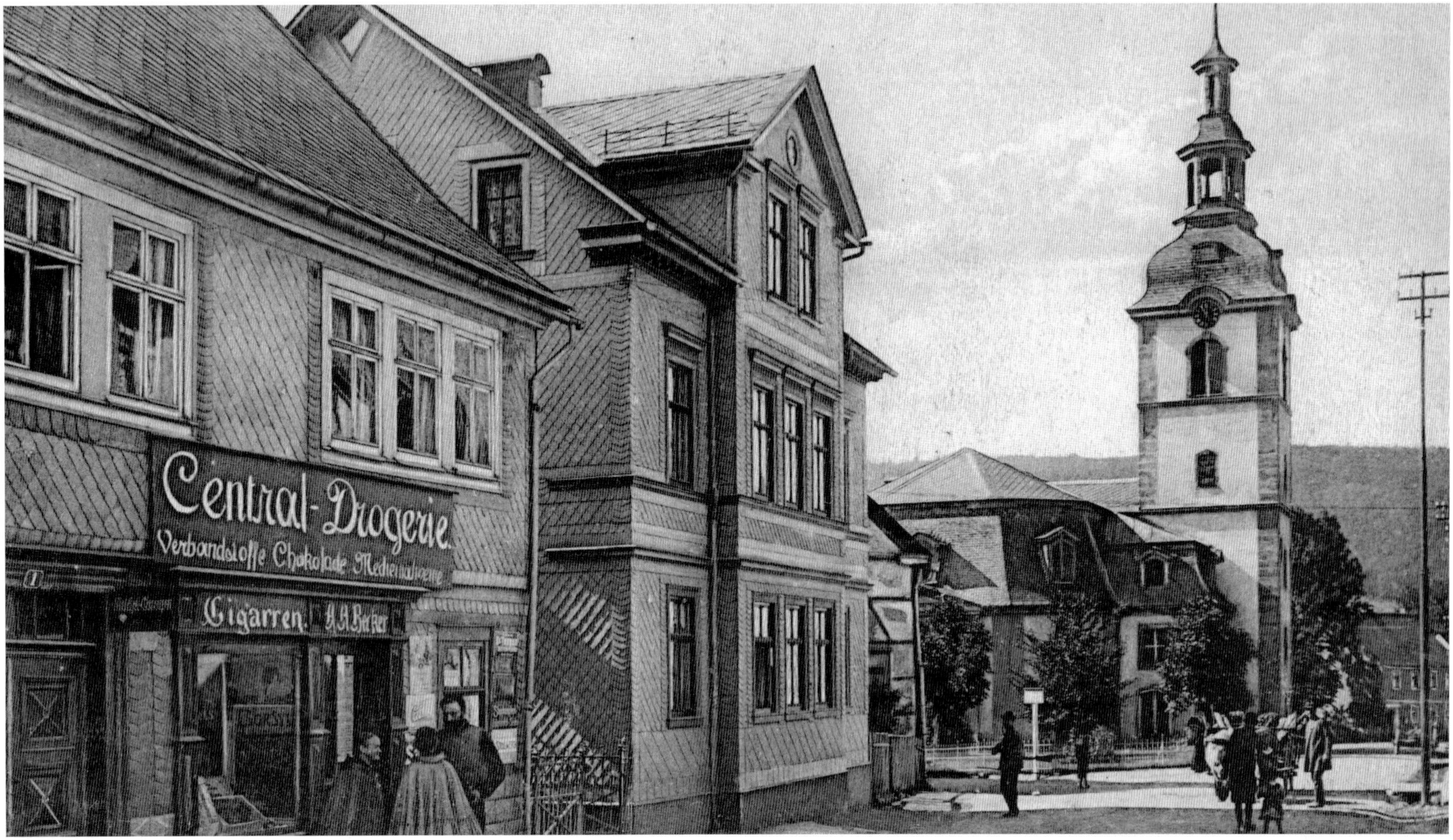
Central-Drogerie
Verbandstoffe Chokolade
Cigarren.

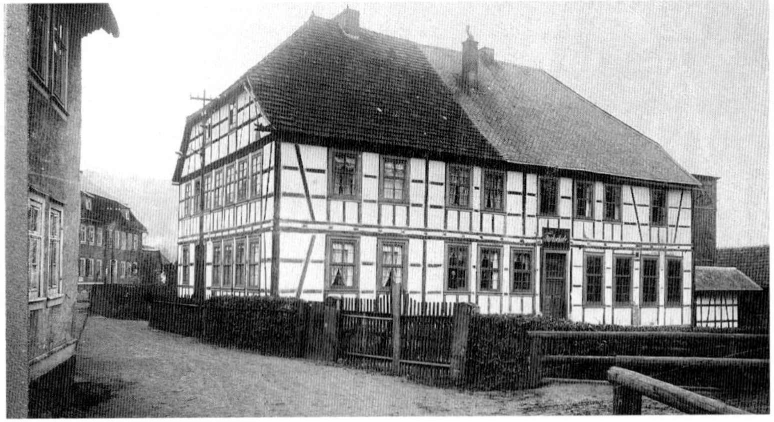

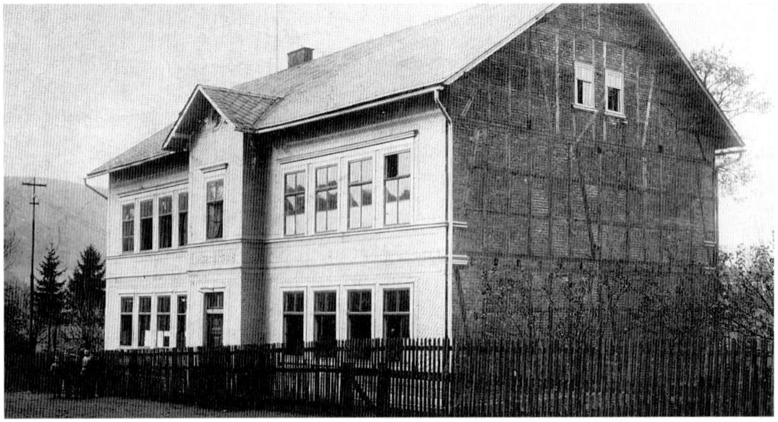

Foto links oben: Zella St. Blasii um 1913. Grundsteinlegung zum Kirchenneubau (Querschiffkirche im Regentschaftsstil) am 27.11.1774, Einweihung 1778/79, der Turm konnte erst 1813 vollendet werden. Bei Erdarbeiten in der Nähe wurden vermutlich Reste der Klosteranlage aus dem 12. Jahrhundert gefunden.

Foto unten links: Die Forstgasse mit dem alten Pfarramt, Wohnungen des Pfarrers und Kantors, 1801 hatte hier Adjunktus Beutler eine Sonntagsschule gegründet, 1812-16 Zeichenschule, Vorgängerin der Industrie- bzw. Berufsschule, ab 2.1.1831 Zeichenunterricht von K.A. Bube und Gustav Ernst.

Foto unten rechts: Lutherschule, von 1881-1888 erbaut, zunächst 4 Räume, am 10.11. 1883 eingeweiht.

Foto oben: Neues Siedlungsgebiet, erbaut 1929/30, Blick vom Lerchenberg zur Bahnhofstraße.

Im bekannten Café „Reichshof" (mit Konditorei) in der Hauptstraße gab's Musik und Tanz (unsere Aufnahme aus den 20er Jahren).

Foto oben: Anspelstraße, fast vergessen ist der Begriff für Fluß und Berg „Anspel", hier standen zwischen 1500 und 1600 zwei Hämmer und eine Mühle.

Foto rechts: „Zeller Weg" nach Mehlis um 1906, erlebte oftmals harte Auseinandersetzungen (Streit seit Gründung der Klosterzelle 1111, da wertvolles Kulturland von Mehlis genommen wurde), links: Wissner, Metallwaren- und Fahrradteilefabrik, später Meteor-Werk, dahinter Gasthaus „Einkehr", später Klub der Volkssolidarität.

29

Foto oben: Alte „Stadt Wien", 1907, eines der ältesten Gasthöfe in Mehlis (früher Oberwirtshaus), mit Außentreppe, auch hier tagten Vereine: Klub Geselligkeit, Gewerbeverein Mehlis u.a., dahinter: „Magdalenenkirche", evangelisch, Kirchenschiff: 18. Jahrhundert, Turm: 15. Jahrhundert, der gotische Altarraum im Turmgewölbe stammt vermutlich aus dem 12. oder 13. Jahrhundert, für den Kunstliebhaber ist vor allem auch die Innenausstattung, z.B. die Freskenmalerei, interessant, Zeugnisse der Gotik, Renaissance und des Barocks.

Foto rechts: Am 22.9.1908 um 22 Uhr brannte die „Stadt Wien". Bis zum Morgen wütete das Feuer. Die Gaststätte wurde später an gleicher Stelle wieder aufgebaut.

31

Fliegeraufnahme von 1936, Stadtteil Mehlis, im Mittelpunkt die Magdalenenkirche, die schönen Fachwerkbauten um den Markt herum, oben rechts: Villen des Hammerrödchens, oben Mitte: Einblick in den Benshäuser Grund, oben links: Eisenbahnlinie nach Schmalkalden, links unten: Straße nach Zella, im Zentrum des Bildes: der Eisenberg, eines der ältesten Siedlungsgebiete der Stadt, der Name weist auf Bergbau und Handwerk hin.

Foto oben: Marktstraße Mehlis um 1900. Die großen Tore lassen an Fuhrwerke und Pferdehaltung denken. Vor den Häusern verlief der Graben für Abwässer, über kleine Brücken gelangte man in die Läden und Hausflure. An der rechten Straßenseite waren Haken ins Mauerwerk eingelassen, sie dienten zum Festbinden der Pferde. Im Vordergrund der Brunnenkasten, dahinter links das ehemalige Bürgermeisterhaus Anschütz.

Foto links: Eine durchziehende Töpferin bietet auf dem Markt Waren feil.

Ehemalige Haltestelle der Staatspost am Mehliser Markt (1928-30). Von Suhl kommend fuhren die Autos über Zella, nach Mehlis und weiter nach Meiningen, im Hintergrund interessante Bürgerhäuser.

Foto oben: 400 Jahre Mehliser Schützen. Festumzug auf dem Mehliser Markt. Die erste Gemeinschaft der Schützenbrüder ist aus der wehrhaften Mannschaft hervorgegangen. Das älteste Zeugnis stammt aus dem Jahr 1526: eine Rechnung über die Ausbesserung des Schießhauses, für Waffen, Pulver, Blei, Lunte.

Foto unten: Rupperg-Gemeinde-Fest, Mitte der 20er Jahre. Im Festwagen symbolisieren Einheit: Die heilige Magdalena, Sinnbild der Stadt Mehlis, und der heilige Blasius, „Schutzpatron von Zella St. Blasii. Nach der Städtevereinigung am 1.4.1919 wurden beide Heilige in das Stadtwappen aufgenommen.

Foto oben: Zur Zella-Mehliser Tracht gehörten der Faltenrock und die Jacke. Die verheirateten Frauen trugen schwarze Kleider und Schürzen. Halskrause und Haube waren ebenfalls schwarz, die Strümpfe im Gegensatz dazu weiß. Die Mädchenkleider waren ursprünglich himmelblau, die Strümpfe, Stirn- und Halsband rot, dazu gehörte eine weiße Schürze. Zu feierlichen Anlässen wurde ein Schleiertuch über der Haube getragen, später die „Oberzieh-Haube". Nach 1814 erlischt diese Tracht und ein Angleichen der Trachten an Benshausen und Schwarza wird deutlich.

Foto rechts: Mehliser Feuerwehr von 1895, ihre Geschichte läßt sich bis 1589 zurückverfolgen, wobei die Traditionen noch älter sind. Als älteste Ausrüstung ab 1500 werden Ledereimer, Feuerhaken, Leitern, Schaufel und Pickel genannt. Nach 1600 gehörten die große und kleine eiserne Spritze zur Ausrüstung. Aus Sicherheitsgründen wurde die Feuerlöschtechnik an verschiedenen Stellen des Ortes aufbewahrt.
Verheerende Großbrände erlebte Mehlis 1684 und 1711.

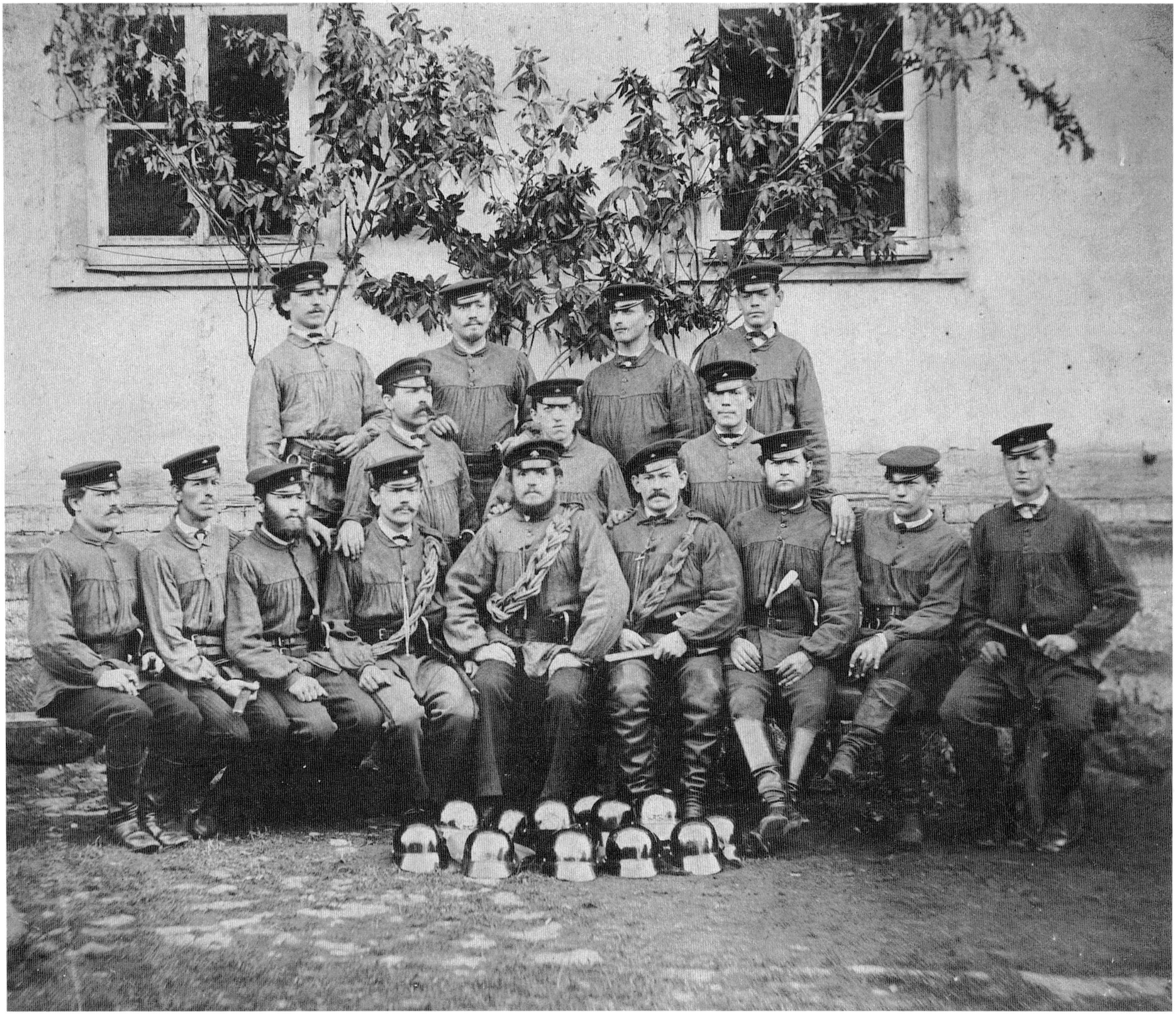

Mehliser Kaiserschule und Postamt 1914, der Anbau an die Bürgerschule erfolgte 1906. Die Fassade ist mit einem Relief geschmückt (zeigt die heilige Magdalena mit dem Kelch).
Während das Postamt jetzt Wohnhaus ist, ist der rechte Teil der heutigen Hugo-Jacobi-Schule in seiner Ursprünglichkeit erhalten.

Foto oben: Alter Gasthof von hinten um 1930 (zuletzt Kommunale Wohnungsverwaltung), gleich neben der Brauerei. Gegenüber waren die Eiskeller. Zwischen 1500 und 1600 wurden in Mehlis 32256 Liter Bier pro Jahr gebraut. Nach Abzug der Unkosten verblieb der Gemeinde eine Rücklage bis zu 100 Gulden.

Foto unten: Schulleiter der Knabenschule, Organist und Chorleiter der Alt-Liedertafel August Küttner inmitten seiner „Zöglinge". Die Schule befand sich gleich hinter der Mehliser Kirche.

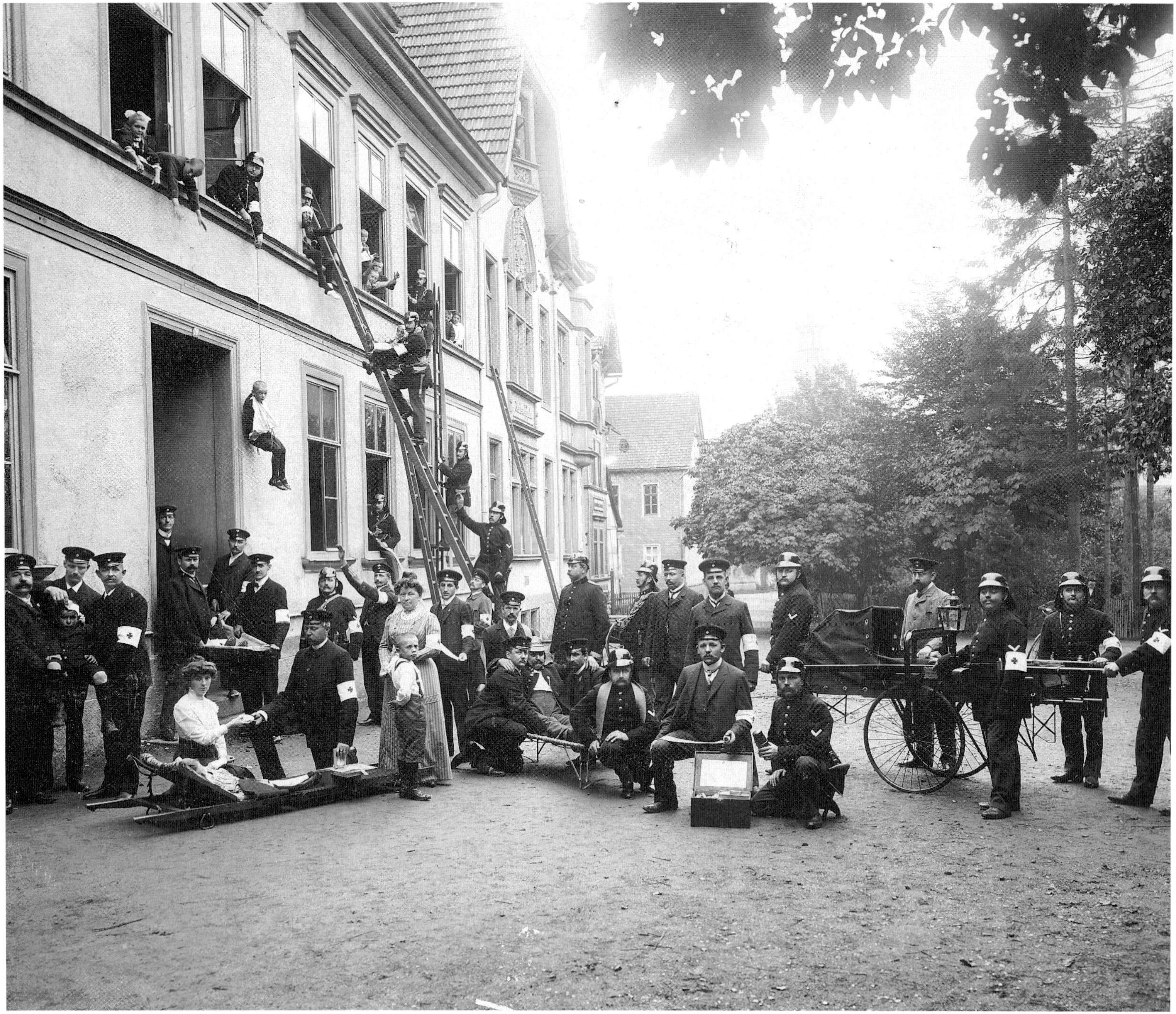

Foto links: Übung der Mehliser Feuerwehr an der Bürgerschule, mit Kommandant Lehrer Hörnig und Sanitätsrat Dr. Rosenthal, 1910. Auf dem Karren wurden die Kranken entweder nach Meiningen oder Gotha gebracht, ein eigenes städtisches Krankenhaus entstand erst nach 1945.

Foto oben: Schmied Pertsch (rechts) mit seinen beiden Gehilfen in der Marktstraße 20, der hintere rechte Teil war die Scheune, die Verlängerung bildete das sogenannte „Brandenburger Tor" oder „Rees".

Foto oben: Kaisergarten, gegenüber der ehemaligen Kaiserschule. Hier standen Kastanienbäume, ein figürlicher Brunnen und die Denkmale von Wilhelm I. und Friedrich III. Letzteres war das erste Denkmal dieses Kaisers in Deutschland.

Foto rechts: Auf der Kuhstirn, Haus Nr. 2 (Joppshügel), befand sich die „Kinderbewahranstalt" des Dr. Gildemeister und des Evangelischen Arbeitervereins, Einweihung am 19. 4.1903.

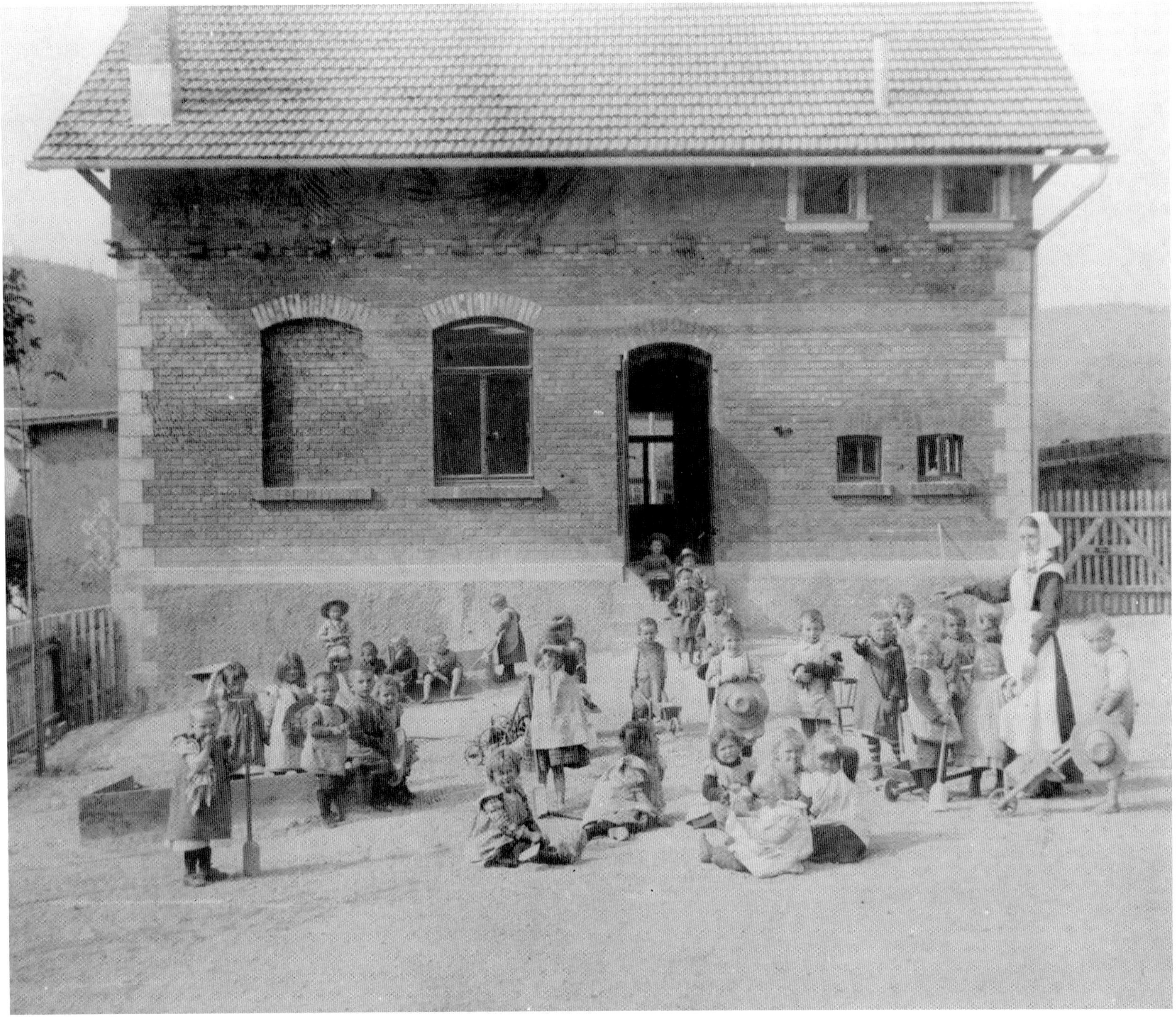

Foto oben: Theateraufführung Mehliser Bürger um 1907 zugunsten eines Sonnen- und Schwimmbades.

Foto unten: Turnerinnen-Abteilung des Turnvereins Mehlis.

Altersturner-Riege des TSV 1862, Franz v. Nordheim vorne mit Schleife

Foto oben: Handballmannschaft des Turnvereins 1862, Mannschaftsleiter: Alfred Kührt (außen links), Willi Müller (außen rechts). Die Mannschaft wurde 1934 in Fambach Gaumeister.

Foto unten: Sportabteilung des Clubs „Heiterkeit" Mehlis, 1. Mannschaft 1908.

Foto links: Das Gast- und Logierhaus „Einsiedel" wurde um 1904 erbaut, seither nicht nur für Ruppbergwanderer ein Begriff.

Foto rechts: Magdalenenstraße mit Blick zum Ruppberg, dem sagenumwobenen „Hausberg" der Stadt (866 m), oft erwandert und mit reizvollem Panorama über Dörfer und Städte bis zur Rhön und zum Inselsberg.

Foto oben: Unterhalb des Ruppbergs wurde 1909 das Waldhaus „Herzog Carl Eduard" eröffnet. Idyllisch gelegen, diente es dem Herzog als „Einkehr" nach der Jagd, als Heimstätte für Vereine und für Wanderer und Skifahrer als Ruhepunkt.

Foto unten: Baubeginn der Gaststätte „Waldhaus" war 1908, Bauleute: Zimmermeister Karl Anschütz mit seinen Leuten.

Die Ruppberg-Gemeinde auf „ihrem " Berg, vor ihrer Hütte, die 1898 gebaut worden war. 1946 brannte die Hütte ab und wurde später wieder aufgebaut.
Ein Schloß an dieser Stelle, wie es die Sage erwähnt, konnte nicht bestätigt werden, die Vermutung hingegen, daß von diesem Berg schon vor Jahrtausenden Signale zum „Keltenberg" bei Römhild gesandt worden waren, erhalten immer mehr Nahrung, Grabungen stehen noch aus.

Eine der beliebten Stammtisch-Runden, hier auf dem „Waldhaus", links der Wirt Fritz Hengelhaupt.

„Im Grund", Eugen König, (später Lehrer und Heimatforscher) im Bachbett der Lichtenau, in Blickrichtung und ca. 100 m zurück befand sich das Armen- und Siechenhaus, zwischen der Villa und dem Sägewerk Eckstein.
Im Hintergrund der Reißende Stein (auch Reissinger Stein). An der engsten Stelle im Ausläufer des Tales befand sich die Landwehr.

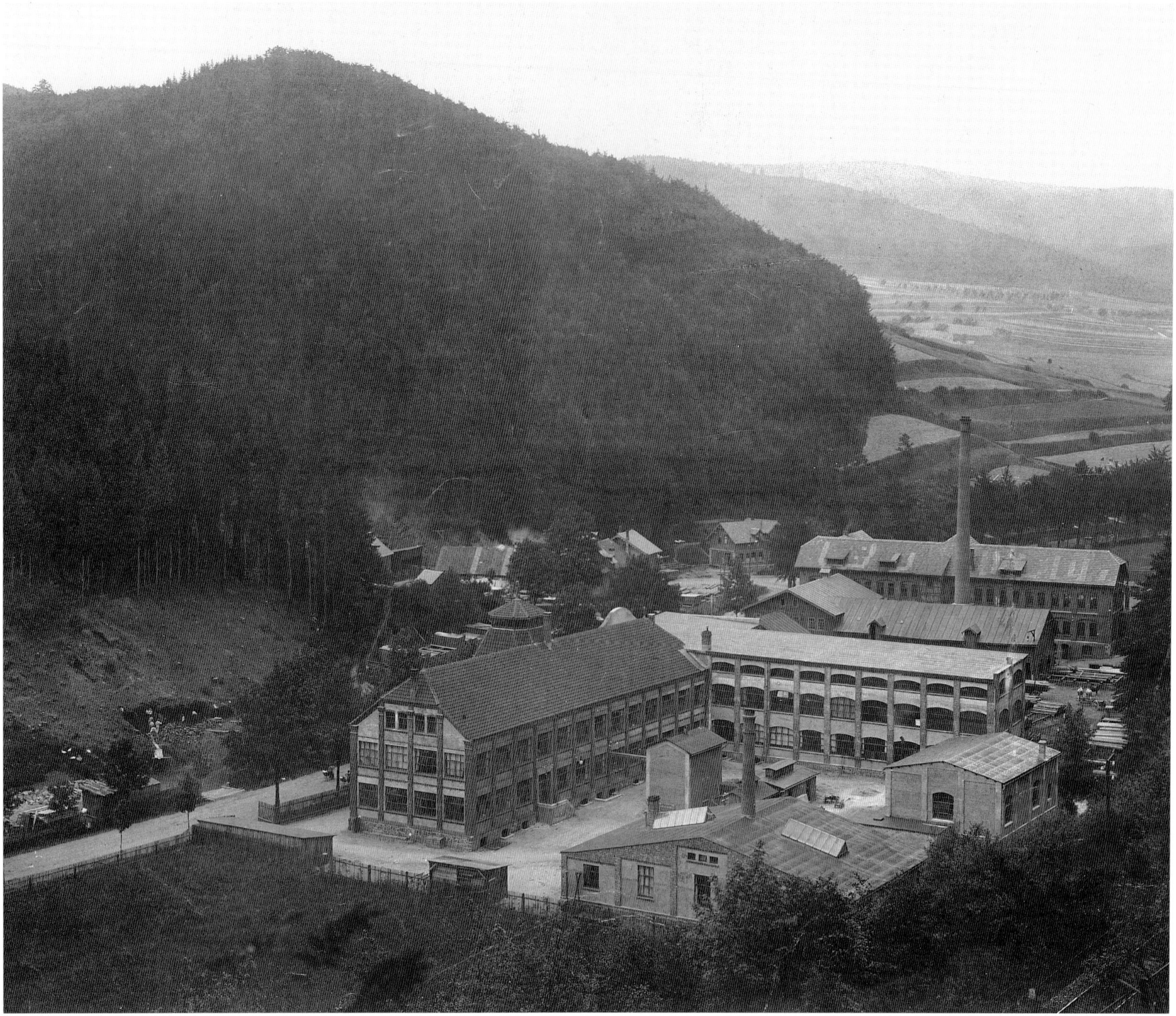

Foto links: Laut Vertrag von 1908 ließ der Sägewerkbesitzer Eckstein für den Berliner Fabrikanten Dr. phil. Mez auf seinem Grund und Boden ein Fabrikgebäude (mit Fahrstuhl und Zentralheizung) bauen, die spätere Mercedes AG, danach Robotron-Elektronik Zella-Mehlis. Der Ostflügel hat 2 1/2 Stockwerke.

Foto oben: Blick vom Reissinger Stein auf die Mercedes-Werke und Mehlis, 1927. Deutlich ist jetzt auch der Westflügel zu sehen. Die Schreib- und Rechenmaschinen der Fabrik wurden zu einem Weltbegriff.

Unten: „Ehrhardt-Lastwagen" befördern Stückgut.

Foto oben: Die Sporthalle Mehlis wurde am 22.8.1897 eröffnet.
Mitte der 20er Jahre war das Gebäude Bahnhofshotel. Als Vereinshaus und Gaststätte wird es bis heute genutzt.

Foto unten: Das Gast- und Logierhaus „Wilhelmstal" war ein beliebtes Ausflugslokal mit Gartenbewirtschaftung. Auf dem Teich konnte gerudert werden.

Tradition: Jedes Jahr die „Mehliser Kärmes", „Kärmes"-Gesellschaft 1953 vor dem Vereinshaus, Bäckermeister Werner Ansorg schwingt die Glocke.

Zu einer Kirmes gehört der Umzug durch die Stadt, auch mit Musik und Gesang werden gute Gaben „erbettelt". Die „Feechtkötz" wird mitgeführt.

Das Gasthaus „Zum Regenberg" bzw. „Jungs-Restaurant" war in den 60er Jahren noch in Betrieb. Hier ein Blick zum Hammerrödchen. Der Name ist Hinweis auf den Melser Hammer, der bereits 1357/58 in Urkunden genannt wird.

Foto oben: Bahnhof Mehlis 1893, Blick auf das Dorf, das ein Jahr später zur Stadt erhoben wurde.
Die Bahnstrecke nach Schmalkalden und Zella (gebaut 1889-92), diente vor allem dem Stückguttransport.

Foto rechts oben: Das alte Volkshaus der 20er Jahre, auf dem Gelände vom Metzner und Barthelmes, später TKF (Meßlabor), wurde von den Arbeitern selbst finanziert, direkt am Grenzweg zwischen Mehlis und Zella.

Foto unten: Schützenhaus Mehlis, erbaut 1862, später Volkshaus, abgebrannt am 1.12.73, 0.15 Uhr, Neuaufbau rechts neben dem ursprünglichen Gebäude am 1.6.78.

Zeppelin am 11.10.31 über Zella-Mehlis, Graf Zeppelin soll Jahre vorher
Gast des Geh. Baurates Heinrich Ehrhardt gewesen sein.

„Albrechtsgarten", 1884-1920 im Besitz der Familie Bartelmes (zunächst Besitz eines Herrn Albrecht), erst Gaststätte, dann Wohnhaus und Betrieb (Herstellung von Stimmgabeln), 1891 wurde hier der Schützenklub gegründet. Die Zimmerstutzen-Schützen führten hier Schießübungen und Wettschießen durch, hier wurde auch das sogenannte „Vogelschießen" durchgeführt, entlang des Weges standen dann „Zuckerbuden".

Hirtenfest 1928 am Finkenhügel, Kuhhalter mit Vorstand, im Vordergrund Fam. Anschütz, alter Mehliser Brandmeister.
Bis 1826 hatte die „Hirtenzeche" Tradition: Die Gemeinde hatte alle 7 Jahre ein Festessen für hessische und hennebergische Beamte sowie ausgewählte Bürger der Gemeinde auszurichten.

Hirtenfest 1928 am Finkenhügel mit Hirt Gottschall, für Mehlis ist die „Huetweyde" bis 1470 nachweisbar.

| Jahr: 1665 | Zella | Mehlis |
|---|---|---|
| Einwohner | 940 | 764 |
| Pferde | 26 | 74 |
| Kühe | 156 | 146 |
| Schafe | - | 108 |
| Ziegen | 40 | 40 |

Foto oben: Kapelle der Regenberggemeinde e.V. in den 20er Jahren.

Foto links: „Altes Rod"-Blockhaus der Zithergesellschaft „Germania e.V.", erbaut um 1935, 1945 abgerissen.

Foto rechts: Dreschmaschine Talstraße/Schwimmbad Juch, Otto Amberg und Frau, in den 50er Jahren konnte hier noch privat Korn gedroschen werden.

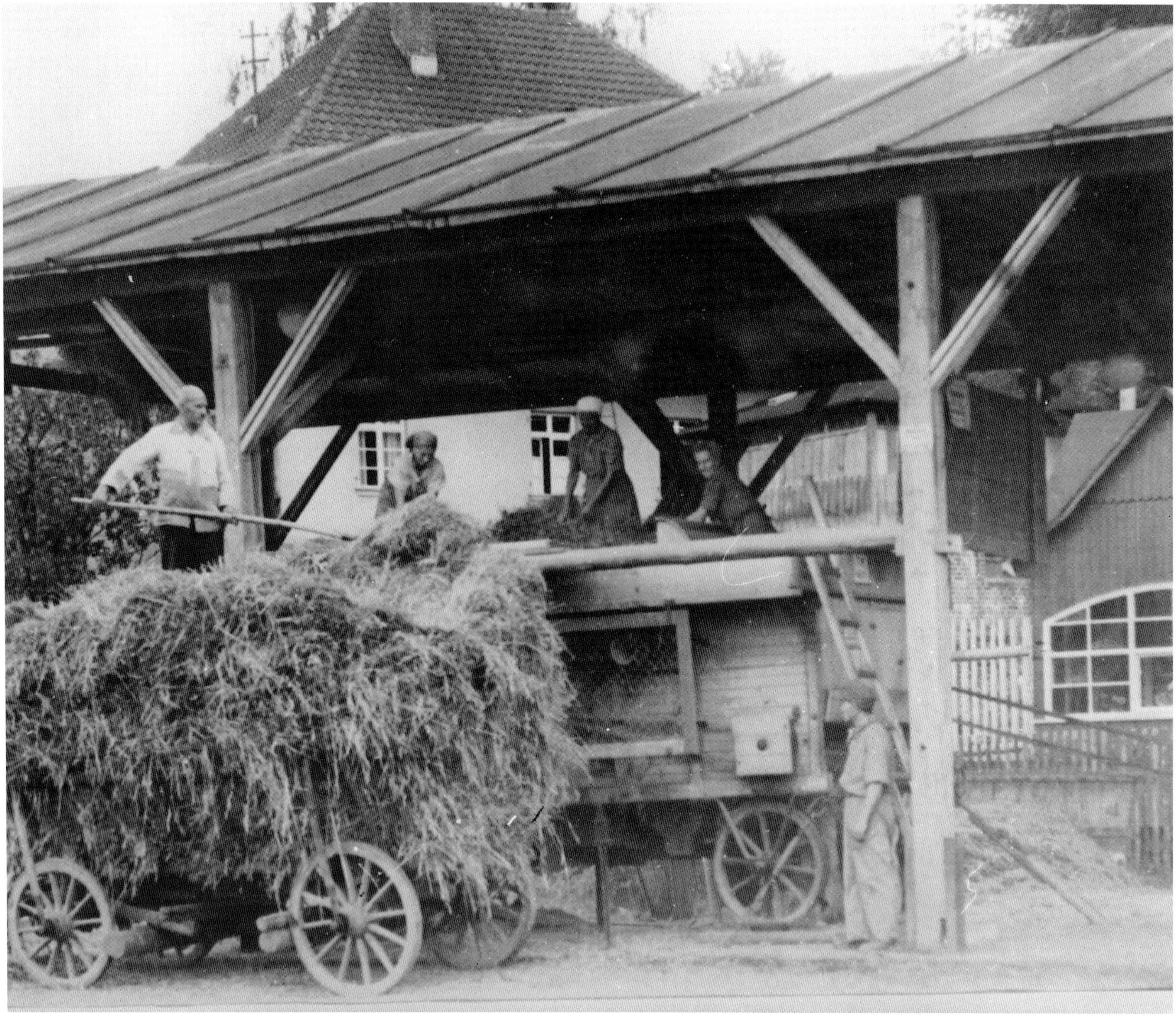

Blick vom Schinderrasen zur Bierbachstraße mit Neubauten und auf Mehlis, im Hintergrund der Ruppberg und das Denkmal, im Vordergrund: Bäuerin Sauer, Äcker und Teiche, dahinter das alte Schwimmbad. Auf den Wiesen wurden ursprünglich Tierkadaver vergraben, Schinder hieß früher der Abdecker oder Schlächter.

Einst das „Juchschwimmbad" in der Sommerau, es entstand Mitte der zwanziger Jahre aus zwei Fischteichen, hier fanden später auch Schwimmwettkämpfe statt (z.B. mit Europameister Ernst Küppers).

Foto oben: Der Hammerteich 1913, der Teich bildete von 1200 an das Wasserreservoire für den Hammer, der jährlich 200 Tonnen Stahl erzeugte. Bis 1868 waren die Blauöfen Hammerwerke und Zainhämmer von Mehlis und Zella in Betrieb. Der Hammerteich lag dem Hammerrödchen gegenüber. Er wurde 1936 zugeschüttet und verrohrt.

Foto unten: Das Amtshaus auf dem Cuntzenberg wurde 1652 erbaut. Es enthielt Verwaltungs- und Gerichtsräume und auch Gefängniszellen, war Wohnsitz vom Schösser (Amtmann) und diente als Quartier für den herzoglichen Tross, wenn dieser zu Gerichtstagen oder zur Jagd von Gotha nach Zella kam. Zella war ab 1642 Sitz des Amtes Schwarzwald, zu dem noch Mehlis, Gehlberg, Oberhof, Schwarzwald, Stutzhaus, Luisenthal, Arlesberg, Dörrberg und die Lütsche gehörten. Schon 1645 erhielt Zella St. Blasii die Rechte eines Marktfleckens.

Von der heutigen Stadt Zella-Mehlis ist der Stadtteil Mehlis die älteste Ansiedlung. Archäologische Funde bezeugen, daß ab dem Mesolithikum (8000-5000 v.u.Z.) unser Talkessel dem Steinzeitmenschen nicht unbekannt war. In dieser Zeit ist nach den Fundpunkten wohl auch die prähistorische Nord-Süd Verbindung über das Gebirge, welches ab etwa 1000 u.Z. Thüringer Wald genannt wurde, während der Rennsteig erstmals 1330 erscheint, zu suchen. Diese Nord-Süd Straße war bereits mit beginnendem Mittelalter die zentralste und wichtigste Verbindung mit überregionaler Bedeutung zwischen Franken und Thüringen.

Beachten wir die archäologisch nachgewiesene kulturelle Gemeinsamkeit zwischen der Alteburg bei Arnstadt und der Steinsburg bei Röhmhild sowie die vielen Mühlensteintransporte von Borzel im Lütschegrund zur Steinsburg, die wegen primitiver Transporttechnik auf kürzestem und kraftsparendem Weg erfolgen mußten, fällt auf, daß eine Station am Fuße des Gebirges vorhanden sein mußte, deren Bewohner mit handwerklichem Geschick alle anfallenden Reparaturen an Geschirr und Wagen ausführen konnten und den unentbehrlichen Vorspann zur Überwindung des Gebirges leisteten. Ebenso mußten Übernachtungsmöglichkeiten für Mensch und Tier vorhanden sein, denn die Überquerung des Gebirges erforderte ein volles Tagwerk.

So nimmt nicht wunder, daß mit anwachsender Bevölkerung und verstärkt einsetzenden Handelstransporten aus dem Kristallisationspunkt einer transportdienstleistenden Station ein Waldwirtschaftshof entstand, dessen Ursprung mit Sicherheit auf 200 bis 500 v.u.Z. datiert werden kann. Nach den Fundpunkten führte der Urweg durch unseren Talkessel der Ortslage Mehlis.

Nach dem jetzigen Stand lokaler Geschichtsforschung wurde Mehlis erstmals im Jahr 841 in einer Grenzbeschreibung genannt: „....ad nigrum nemus versus meles..." (aufsteigend zum schwarzen Wald gen Meles). Beachtlich dabei ist, daß sich der Ortsname Meles und Mels, im einheimischen Volk mit seinem Dialekt bis heute unverändert erhalten hat. Ebenso die Amtsbezeichnung Schwarzwald, gültig bis zur Vereinigung der früheren Einzelstädte Zella Sankt Blasii und Mehlis am 1. April 1919. Heute noch geltend als Forstbezeichnung.

Bis zu seiner ersturkundlichen Nennung in der Zeit der Karolinger hatte sich Mehlis zu einem typischen Straßendorf von beachtlicher Größe in historischer Nord-Süd Richtung entwickelt. Zentral lagen alle wichtigen Gebäude wie Schmiede, Vor- oder Anspänner, Wagner, Kirche usw. Zu jener Zeit bestand in Mehlis bereits das „Obergericht über Haut und Haar", die vier hohen Rügen: Mord, Diebstahl, Brandstiftung und Ehebruch. Bestehend bis zum Jahr 1357/1358, in denen die Landgrafen Friedrich und Balthasar ihr Gebiet Steinbühl bei Friedrichroda an das Kloster Reinhardsbrunn abtraten und im Tausch dafür Klosterland von Zella Sankt Blasii vom Kloster Reinhardsbrunn erwarben: Oberzella, Märzenberg und Pfaffental. Nach 1358 kam das Obergericht in die Zehnt Benshausen, unter wechselseitigem Vorsitz sächsischer (thüringischer) und hennebergischer Amtleute. Mehlis war nur noch zuständig für „bastards und andere fiskalische Fälle".

Während die Endsilbe "les" des Ortsnamens Meles ein sehr hohes Alter bezeugt und nur aus vorgeschichtlicher Zeit erklärt werden kann, sind die Endungen mit „dorf"-, „hausen",- „au" (aha-ache-Bach) usw. unserer Nachbarorte jüngeren Datums und nach der Zeitwende entstanden. Ebenso der Ortsname Zella. Die Urkunde von 1111 über Mehlis ausgestellt, enthält die Gründung des „oratorium cellam sancti blasii", das spätere Blasienzella. Neben der Blasienzelle entstand 1535 noch Schwarzzella als „weltlicher Besitz" mit Oberezella, Märzenberg und Pfaffental, resultierend aus dem Gebietstausch der Landgrafen Friedrich und Balthasar von 1357/1358.

Aus diesen Urkunden ist ersichtlich, daß der halbe Ort Mehlis (zwischen Heinrichsbach und Kuhstirn) der Klosterzelle lehnspflichtig war, während das Areal zwischen Heinrichsbach und Rechberg weiterhin an Henneberg zu zinsen hatte, zu dem Mehlis vor 1111 ganz gehörte. Auch Hammerwerke und Mühlen enthalten diese Aufzeichnungen. War bis 1111 die Kammlinie des Thüringer Waldes stets die Grenze zwischen Franken und Sachsen (Thüringen), ergab die Grenzziehung von 1111 eine Enklave zu Gunsten von Sachsen (Thüringen). Es war die Entstehungszeit der Landwehr. An der engsten und steilsten Stelle des Talkessels zwischen Reißender Stein - Heiligental - Kälberzagel - Koppe angelegt, machte sie eine Umgehung der Wehr unmöglich. Erst bei späterer und erneuter Festlegung der Grenze zwischen Henneberg und Sachsen wurde die Landwehr imaginär bis zum Meisenbach zurück versetzt. Das zweite Annäherungshindernis bildete die Schanze mit Palisaden, Wall und Graben, Gegnick und Gebück, mit unterem und oberem Torhaus. Diese Ortssicherungen bestanden schon zur Zeit der Germanen. Von Zella sind Ortssicherungen aus der Überlieferung nicht bekannt.

Die lokale Geschichtsforschung bestätigt, daß der Ort Zella Sankt Blasii bis 1470 bedeutungslos war, während das Kloster den Zehnten von Mehlis, Marisfeld, Dietzhausen, Albrechts und Suhl erhielt. Es gab nur wenige Häuser in locker gruppierter Ansiedlung rund um die Klosterzelle. Erst ab 1500, verstärkt ab 1535, treten Blasien- und Schwarzzella in die Ortsgeschichte ein, wozu der ab der Karolingerzeit in Mehlis betriebene Bergbau und die Eisenverarbeitung wesentlich beitrugen. Dadurch hatte Zella den wirtschaftlichen Vorsprung von Mehlis bis 1665 aufgeholt. Mit der Verlegung des Amtes Schwarzwald 1642 vom bisherigen Amtssitz Georgenthal nach Zella auf den Cuntzenberg, wurde auch die politische Einheit des zweigeteilten Mehlis und Zella eingeleitet, vollzogen 1665. Danach verlief die politische wie wirtschaftliche Entwicklung der früheren Einzelorte etwa parallel bis zur Erhebung der Doppelstadt Zella-Mehlis per 1. April 1919. Mit dem Landtagsbeschluß vom 8. Juli 1926 über die erneute Abgrenzung der Kreise und Gemeinden wurde Zella-Mehlis kreisfreie Stadt bis 1945.

Harry Ansorg

**Veränderte Straßennamen:**
Meininger Straße - Peter-Haseney-Straße
Wilhelmstraße - Meininger-Straße
Schützenallee - Beethovenstraße
Marktstraße - Louis-Anschütz-Straße
Gneisenaustraße - August-Bebel-Straße
Am Denkmalplatz - Marcel-Callo-Platz
Friedrichstraße - Karl-Zink-Straße
Schießstand - Am Rain
Denkmalstraße - zum Markt Zella gehörig

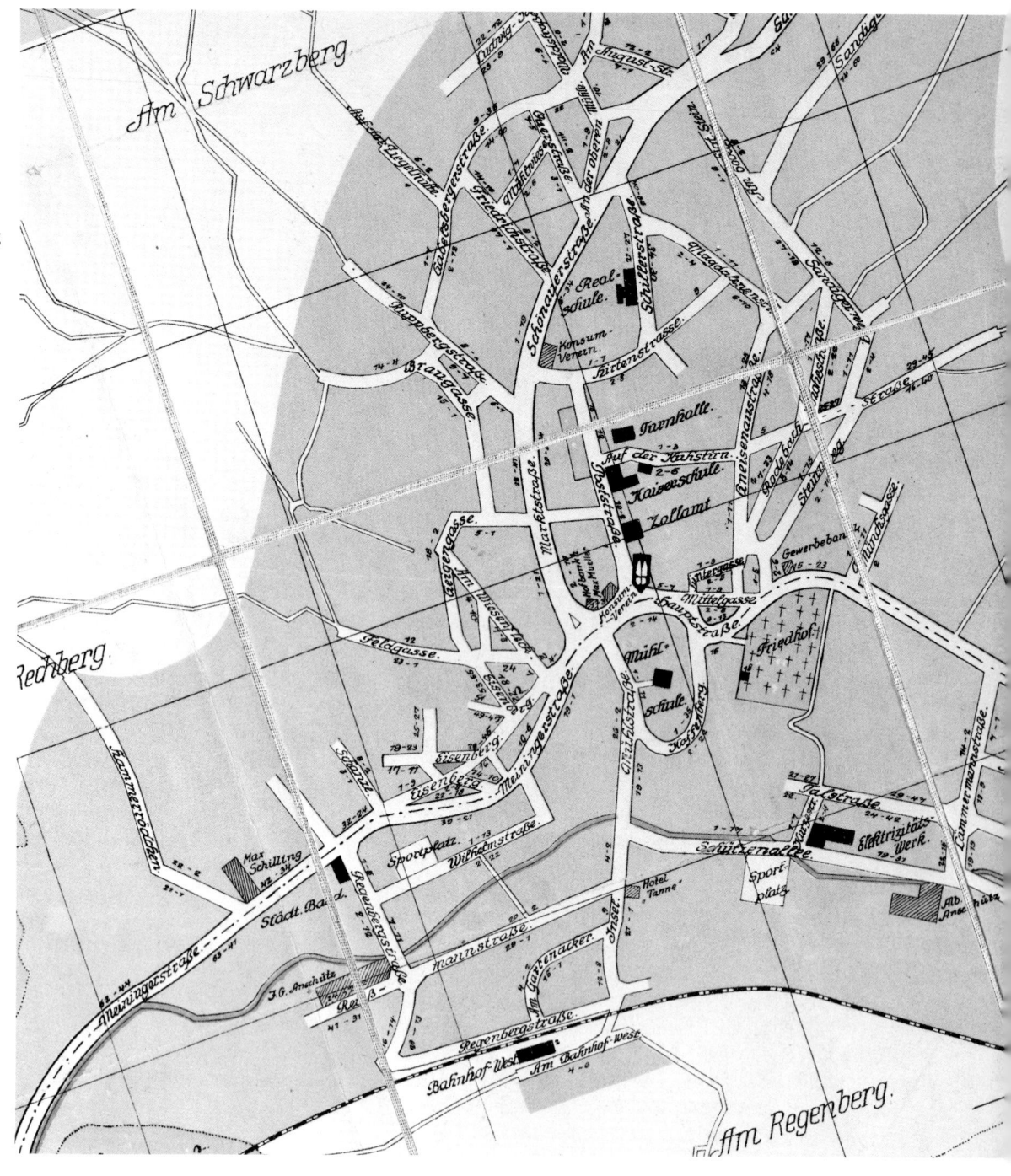

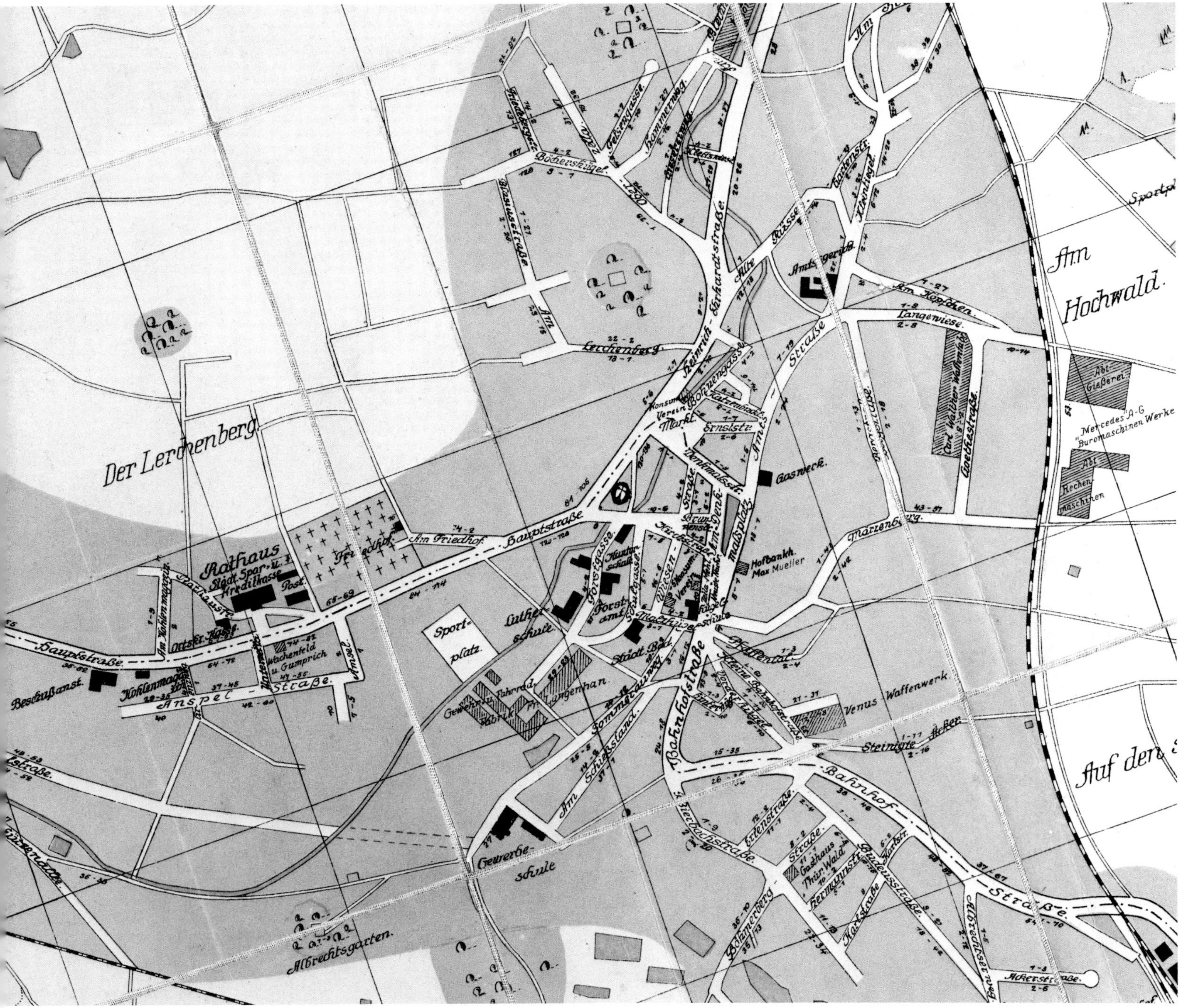
Der Lerchenberg
Lerchenberg
Am Hochwald
Auf den
Rathaus
Friedhof
Am Friedhof
Hauptstraße
Anspel Straße
Beschußanst.
Kohlenmagazin
Ortsk. Kass.
Wachenfeld u. Gumprich
Sport-platz
Luther-schule
Forstgasse
Forst-amt
Städt. Bad
Gewerbe-schule
Albrechtsgarten
Am Schießstand
Sommerau
Bahnhofstraße
Bahnhof Straße
Steinigte Äcker
Venus Waffenwerk
Kleine Bahnhofstraße
Amtsgericht
Am Köpfchen
Langewiese
Gasnerk.
Hofbankh. Max Mueller
Ernststr.
Denkmalsstr.
Am Denkmalsplatz
Markt
Heinrich-Ehrhardtstraße
Amtsstraße
Märzenberg
Goethestraße
Carl Walther Waffenfabr.
Abt. Gießerei
Mercedes A-G "Buromaschinen Werke
Abt. Rechenmaschinen
Böhmerberg
Ackerstraße
Sportpl